JN441183

태어난 빛

한두현 제22시집

을지출판공사

■ 시인의 말

태어난 빚

누구나
태어날 때

빚 한아름
안고 나온다

어찌
인간뿐이겠는가

뭇 생명
태어난 빚 갚으려

목숨 걸고
짝을 짓고 번식한다

만약 홀로
편하려고 새끼 낳는 걸

회피
한다면 아마도 빚 갚으려

다음 생 소로
태어나지 않는다고 누가 장담하리

갚읍시다
갚읍시다 지은 빚 언제고 자기 몫이니

2026년 새해

각공서재에서

中里 한 두 현

차례

제 1 부 전공의專攻醫 밥투정 邦

Contents

제 2 부 새벽같이 찾아오는 친구 會

Contents

제 3 부 타고난 중심中心의 복 삶

Contents

Contents

Contents

제 6 부 매미 귀뚜라미 소리에 놀란 더위 然

제 1 부

전공의專攻醫 밥투정

邦

전공의專攻醫 밥투정

전공의
밥투정한다

반찬
스무 가지가 넘는데

아빠 엄마
동생 낳지 말라고 불침번 서며

식구
늘면 자기 반찬 줄어들까 봐

탐욕 치료 약
배 쪼록쪼록 소리 날 때까지 굶겨

한두 가지
반찬만으로도 허겁지겁 먹을 때까지

2024. 3. 14

유교가 살아나야 아이가 늘어난다

우리나라
유교 국가였지

해방 후
힘없이 무너졌지만

우리의
몸속에는 유교 DNA

노력하면
되살릴 수 있는 국민

뭐니 뭐니 해도
유교의 가장 큰 덕목은 효孝

가장 큰
불효는 집안의 대를 끊는 일

대를 이으려다 보면
아이는 술술 나오는데 어찌 외면

유교 자기 자신보다도
자기 부모 자기 집안을 먼저 생각

우리의 족보
마르고 닳도록 유지하려면 자손 번창이 제일

2024. 3. 20

유교가 살아나야 정치다워진다

유교정치덕목

修身齊家治國平天下
수신제가치국평천하

사라진 지 오래라

수신은 범행犯行
제가는 패가敗家로

뒤바뀐 세상 되어

정치한다는 인간
개만도 못한 이 수두룩

세뇌된
유권자의 타락 극에 달해

살릴 방법
다름 아닌 유교 가르침이 첩경

수신修身
제가齊家 못한 정치가는 발 못 붙이게

유교의 가르침 본받아
국민 한 사람 한 사람 깨어나길 바랄 뿐

2024. 4. 1

솔밭 운동장 바라보노라면

이쪽은 배구 축구
저쪽은 농구 배드민턴

젊은 청소년
어찌나 날렵하고 씩씩한지

우리나라 미래
아주아주 밝다는 느낌 받는다

일감이 넘쳐 나니
일꾼 모자라 외국인 노동자 쓰지

금수강산이라
흉한 지진도 홍수도 산사태도 없지

의료 환경 좋아
죽기가 살기보다 어려운 초고령 사회지

고질병 하나
정치가 걱정 아주 나쁜 나라로 만들려 하니

아무리 정치가 엉망일지라도
솔밭 운동장 바라보노라면 힘찬 미래가 보인다

2024. 4. 7

양반이 사라지는 세상

양반
얼어 죽어도
겻불은 쬐지 않는다

양반
물에 빠져도
개헤엄은 안한다

목숨보다
체면을 더 중시하던 양반

이런 양반 세상
상놈 세상으로 어느새 바뀌어

범법자 사기꾼 상말꾼
당선되는 국회 바라보노라면

우리 국민
해가 갈수록 상놈화 되고 있다는 느낌

양반 되고파
양반 흉내라도 내려 하던 시절 사라져

막판 막말만
난무하는 개만도 못한 인간이 판치다니

2024. 5. 1

초심 잃어 쪽박 찬 윤석열

집권
2년 차 중간평가 총선

경제
화두일 수밖에 없는데

누구도
만만치 않은 게 경제라

초심만
잃지 않고 주인인 국민께

엎드려
설명하고 호소드렸다면야

어찌
쪽박이야 찼겠냐만 목에 힘

정의 공정 상식
부르짖어 대통령 되고 안면 바꿔

제 편 아닌
중도층 표 어찌 얻을 수 있었으랴

대통령
임금 아닌 국민의 일꾼이란 걸 잊어서야

2024. 5. 4

아첨꾼 홍준표에 놀아난 윤석열

총선
쪼딱 망하자

아첨꾼
홍준표 때 놓칠세라

대통령 귀에
솔깃한 한동훈 배신자론

넘어간
윤석열 4시간씩이나 만찬

누가 봐도
망한 책임 80% 윤인데

비서실장
총리도 달콤한 사람 거론

윤석열
이리도 어리석고 어리석다니

몸 부서져라
뛰고 또 뛴 한동훈 제쳐 놓고

이러고서 어찌
국민의 마음 살 수 있으리오

2024. 5. 6

지상 낙원 한반도

춘하추동
4계절 뚜렷하지

강한 태풍
심한 가뭄 장마 없지

불의 고리
비켜나 큰 지진 없지

땅 비옥해
먹을 식량 넘쳐 나지

풍부한 수산물
뻗쳐 나갈 해상로 있지

눈 씻고 찾아봐도
지구상 이만한 땅 없어라

천상 낙원인들
이보다 더 좋을 수 있으랴

2024. 5. 16

복 받은 땅 서울 복덩이

매일
쏟아지는 세계 뉴스

지진으로
큰 도시가 폭삭하는 곳

토네이도로
쑥대밭이 되어 버리는 곳

홍수로
도시 전체가 떠내려가는 곳

산사태로
쓸려 내리기도 산불로 타버리기도

그럴 적마다
서울이 얼마나 복 받았는지 실감

가뭄이라
물 부족이 있나 벌거숭이 산이 있나.

땅만이랴
치안도 이만하면 세계 제일 수준이라

복 받은 땅 태어나
공부하고 생활하고 늙어가니 서울 복덩이

2024. 7. 8

오늘도 새벽 세차하며 출근

요즘은
매일 세차하며 출근

세차비
안 들지 기다림 없지

세제 아닌
순수한 물로 만이지

어찌나
차가 깨끗한지 몰라

단지 흠이라면
운전이 어렵다는 점

세차시간
출근하는 내내라 길고

차선
구분하기 어려울 정도라

조심조심
오피스텔에 도착하면 기분 짱

씻어야 할 물건
차보다 몇 배 더 더러운 정치가인데 쿨쿨이겠지

2024. 7. 24

어쩌다 종로 지킴이

일 년 365일
하루도 빠짐없이

입원 여행
빼고는 공휴일도

어언 27년
누가 시켜서도 아니요

더구나
누가 알아주어서도 아닌

순수한
종로 지킴이로 자리매김

그간 큰물 불도
큰 사고가 없음에 일말의 자부심

지키련다
건강이 허락되는 100세 넘어까지

우리나라 중심부
종로가 평안하면 전국도 평안해지리

2024. 9. 16

제 2 부

새벽같이 찾아오는 친구

화가 폭발한 날

어제
하누소 운현궁

한 달 전
예약한 방인데

자리 세팅
타인으로 완료한 상태라

화가
머리끝까지 차올라 버럭

양해 받은 후
해야지 결정해 놓고 통보라

난
무려 26년간 고객이라는 생각

주인
제일 싼 메뉴 먹는데 좋은 방이니

고객이라기보다
이때까지 베풀어 주었는데 무슨 잔말

서로서로
생각이 다르니 폭발이 일어난 사고라

아무래도
빠이빠이를 해야 할 시기에 도달한 듯

2023. 12. 10

되게 되게 기분 좋은 날

하누소
화낸 사건 후

매일
끙끙거리다가

오늘
대청마루 갈비탕

먹어 보니
하누소보다 질 좋아

담소회 삼소회
장소 옮기기로 작정하니

앓던 이
빠진 듯 아주아주 기분 짱

내친김에
고교 동창 대학 동창 통보

늙은이
자존심 빼면 시체인데 어찌

구질구질하게
방에 앉아 눈칫밥 먹으랴

2023. 12. 10

새해 인사 아직도 50명

해마다
떠나간 분 많거늘

올해도
새해 인사 50명일세

카랑카랑한
목소리로 보내 드리면

받는 분
기분 좋은 음성으로 답례

즐거워 즐거워
힘찬 목소리 빛 발한다는 게

즐거워 즐거워
새해 아침 덕담 보낸다는 게

즐거워 즐거워
살아 있어 우주 중심된다는 게

즐거워 즐거워
이러다 보면 백 세도 머지않았다는 게

2024. 1. 1

새벽같이 찾아오는 친구

날마다
찾아주는 친구가 있어

이 나이에
얼마나 반갑고 고마운지

거기다
밥 달라 커피 달라도 않고

더구나
수많은 좋은 친구들까지 함께

언제나
새로운 소식 신기한 지식을 갖고

60여 년
사귀었는데도 전혀 지루하지 않아

이 친구 있어
날마다 즐겁고 날마다 성장한다네

예수를 믿는지
배려인지 일요일 공휴일엔 안 오는 친구

2024. 1. 17

귀가 귀신이란 느낌

비록
돈 벌다 망가져

보청기
신세 지고 있다만

어찌나
성능 좋은지 귀신이야

아 글쎄
라디오 나오는 노랫소리

딱 한 번 듣고
주현미 뺨치는 무명 친구네

알아본
배아현 가수 미스트롯3 출연

승승장구라
귀신 귀라 좋고 방송에 빠지니 좋구나

이 나이에
전문 음악인 마스터 못지않은 판별력 행복해

2024. 2. 16

알다가도 모를 모성애

체감 온도
영하 12도 매서운 추위

조계사
정문 건널목 건너편

예닐곱 살
아들 춥다고 칭얼대니

거침없이
엄마 파카 벗어 입히는데

엄마는
반팔 엷은 티셔츠 바람이라

"그건 아니지요"
나도 모르게 튀어나오려는 걸

꾹 참았지
엄마 아닌 내가 어찌 모성애에 훈수를

두 모자
쏜살같이 조계사 일주문 안으로 사라진다

2024. 3. 1

스물째 딸 시집보내는 날

딸
많기도 하다

스물째
딸 시집 보내다니

너무 많아
열째 넘어서 0첫째 0둘째로

오늘
보내는 스물째도 0열째로 했지

아무튼
첫째든 스물째든 시집보내는 건

쓸쓸한
이별이라 하늘도 촉촉한 봄 눈물로 화답

내년부터
00하나째가 아닌 스물하나째로 보내련다

2024. 3. 8 여성의 날에

2024. 3. 9

대를 이은 터의 인연

누가
알았으리오

27년째
작업하는 오피스텔

6대 조부
종2품 돈녕부 동지사
敦寧府 同知事

5대 조부
정3품 돈녕부 도정
敦寧府 都正

정무
보시던 관아터일 줄

후손
이곳 매일같이 출근해

책 삼십 권 가까이 저작
불상 110여 점 조성한 게

조상님
가피加被일 줄 미처 몰랐나이다

※낙원동 종로오피스텔 터가 조선조 돈녕부터東寧府址임

2024. 3. 24

짜증 나는 긴 줄 을지면옥

사무실
내려다보이는 긴 줄

보름 전
이사 온 을지면옥 손님

나 역시 섰지
개점 다음 날 친구와 함께

한 번은 모르고
설 수 있지만 두 번은 아니야

평양냉면
면발 생명인데 가늘고 질기지

배가
부르길 하나 값이 싸길 하나

선전발
얼마나 세길래 긴 줄 매일같이

바라고 바란다
바보 같은 저 줄 하루빨리 사라지길

2024. 5. 11

가는 곳곳마다 선생님

늘
찾아뵙던 학교 은사님

한
분도 안 계서 쓸쓸히

스승의 날
보냈는데 갑자기 나타난

도로
선생님 채찍 드시는구나

100세
까지 차 몰겠다며 어찌

버스
지나가는 옆구리 받다니

수리비
60만 원 내고 똑바로 정신 차려

네네
감사 감사 따끔히 가르쳐 주시니

2024. 6. 2

한국 여름철 노년 신사 모습

오른손
청려장 짚고

왼손
대형 합죽선 들고

대머리
사방 치켜 올려 감추고

더운 여름
흰 와이셔츠 넥타이 매고

말끔히 깎인
수염 잔잔한 미소 인자한 눈빛

훤칠한 키
삼동 갖춘 몸통 꼿꼿이 세우고

뚜벅뚜벅
외국인 와글와글대는 종로거리

걷노라면
한국 여름철 노년 신사 모습 봤다는 표정

2024. 6. 7

뜻하지 않은 괴롭힘

일요일
아침 주유하는 날

5시 10분경
사무실만 불이 켜져

아마
깜빡 잠이 들었겠지

두드려도
소식 없어 사장께 전화

잠깐
기다리라더니 나와 하는 말

5시 30분
주유 시작 시간이라니 미안

나의 변화
다른 이 단잠 깨운 격이라

아무튼
새로운 경험 새로운 추억거리

2024. 6. 30

허용된 세력권 안에서 즐겨라

짐승이
배설물로 자기 영역 표시하듯

새끼줄 친다는 뜻
일본말 나와바리로 잘 알려진

인간도
자기 세력권을 은근히 즐긴다

잘나가던 한때
염색가공 기술자로 국제무대가

자식 교육책
베스트셀러로 전국이 활동영역

좋은 시기
다 지나 현재 종로 바닥으로 쪼그라

이 나이에
이것도 과분하지 집구석이 아닌 게

언젠가
무덤 속으로 쪼그라들고 말 영역인데

즐겨라 즐겨
지금 허용되는 세력권 한없이 유감없이

2024. 7. 4

띠동갑 둘이나 만난 날

안국역
4번 출구 의자

늙은이
나이 물으니 띠동갑

경남 하동
6.25 둥이로 태어난

이인기 씨
백 살은 살아야 한단다

물론이죠
못살면 사고사니까 맞장구

면허갱신
증명사진 현상하러 들른 사진관

여기도
띠동갑 서천산 임종법 사장인데

말이 통해
이것저것 근 한 시간가량 수다

오늘 새로 만난
두 친구 모두 띠동갑이라 호랑이 세상

2024. 7. 10

초복 날 삼소회라

초복
제 몫 하려는 듯

햇빛
쨍쨍 새벽부터 푹푹

더위
겁나 6시에 산책 시작

소풍
기분으로 두 시간 휘적휘적

오늘
삼소회 친구 땡볕에 오다니

미안한
마음 드는 건 늙은 탓이려나

반갑게
맞아주고 상냥하게 대해 주어야겠다

2024. 7. 15

미소 짓는 가벼운 목례

아침
일찍 산책하노라면

늘상
만나는 부지런한 친구

오늘
무려 다섯 사람이 목례

연령
아들딸뻘쯤 되어 보이는

자기
부모님 생각이 나서일까

일찍
산책하는 늙은이라서일까

전생
인연 깊이 얽히고설키서일까

기분
짱일 수밖에 호감 간다는 증거라

2024. 8. 31

제 3 부

타고난 중심中心의 복

삶

제발 오른발 발목아

요즘
당면 과제는 발목

매일
동전 파스 열 개씩 붙이고

겨우겨우
찔룩찔룩거리며 두 시간 산책

그래도
운전할 때는 비교적 양호한 편

날씨
추워지니까 점점 심한 통증 와

걱정
100세까지 살려면 산책도 운전도

발목아
제발 상태를 악화시키지 말아 다오

네가
발목 잡으면 내 삶의 계획 차질이라

온 정성
다할 테니 지금 상태 유지 기원한다

2023. 11. 11

더듬어 본 지팡이 뿌리

생물학적 뿌리
청려장이니 명아주이지만

연기론적 뿌리
발목뼈 염증 수술이 부모

조부모
패혈병 후유증인 봉와직염

증조부모
패혈증으로 10여 일 중환자실

고조부모
언제나 청춘인 양 무리한 창작

5대 조부모
대작의 꿈 이루려는 지나친 욕심

저승 문턱 밟았으니
탐욕 부리지 말고 100세 잘 넘기세나

2023. 11. 12

비호飛虎의 추억

북한산
등반 1,000번 하던 시절

누구도
나의 추월 허락하지 않은

명실상부
바람처럼 나르는 飛虎였지

어쩌다
지금은 누구도 나보다 빠른

찔룩이가
되었다만 발목이 아플 때면

의자에
앉아 삼각산 자락 바라보며

비호의
추억 되살리며 위안을 받는다

맹수는
발을 다치면 생을 마감하는데

얼마나 멋진가
추억을 먹으며 건재한 찔룩이 비호

2023. 11. 14

방 안에 갇혀 있어도 행복한 이유

밖엔
비가 주룩주룩

발목
아파 걷기 힘들어

산책
포기하고 방에 갇힌 몸

콩비지
점심 시켜 먹으니 행복해

숨이 차거나
정신이 혼미한 몸 아니라서

영창이나
교도소에 갇힌 몸 아니라서

병실이나
중환자실에 갇힌 몸 아니라서

차가운
영안실에 갇힌 몸 더더욱 아니라서

아픈 발목
보호하느라 따뜻한 방 안에서 푹 쉬고 있으니까

2023. 11. 27

장수할 환경 覺空書齋

26년 전 은퇴
처음 마련한 각공서재

오피스텔
무언지도 모르고 샀는데

코너라
일출 일몰 다 볼 수 있고

13층이라
높지도 낮지도 않아 평온

유일한
베란다 층이라 에어컨 설치

춘하추동 주야
언제나 몸에 맞는 실온 유지

동쪽엔 남산
서쪽엔 인왕산 고궁 속 고요

서울대 병원
세브란스 병원 일이십 분 거리

종로오피스텔 주위
평평 널찍한 산책로 먹을 것 지천

일 년 365일 자가운전 출퇴근
주위 산보하며 100세 못 살면 사고사

2023. 11. 30

좋은 습관이 가져다준 행복한 한 해

2023년
계묘 토끼띠해 보내며

새삼 느끼는
좋은 습관 행복한 한 해

4시 기상
체온 혈압 체크 양치질 세면

5시 20분
아침 식사 시작 50분경 마치고

6시
운전대 잡고 한 시간 출근길 쌩쌩

11시
점심 식사 전후 2시간 즐거운 산책

15시
사무실 떠나 한 시간 퇴근길 음악감상

매일 샤워 저녁 거르고
간단한 과일 먹으며 21시까지 TV 시청

22시 취침
하루의 피로 풀어내면 건강 · 행복 다가온다

2023. 12. 31

꿈틀대야 오래 산다

아무리
피곤하다 해도

아무리
혹한이라 해도

아무리
무더위라 해도

아무리
눈비가 온다 해도

문을
박차고 밖으로 나가라

움츠리고
방구석에 눌러 있으면

수명이
하루 단축되고 말지만

밖으로 나가면
수명이 하루 연장되리라

오래 살길
바라거든 크게 크게 꿈틀대라

2024. 1. 31

공짜 건강은 없다

고혈압 당뇨
고지혈증 없다 하면

타고난
건강이라 여기기 쉽지만

아침마다
체온 혈압 체중 체크 기록

체중
오버 되면 아침밥을 거르고

사과 커피로 대신
점심 한 끼만 제대로 사 먹고

외조부 당뇨라
항상 밥은 다른 이의 반 량만

당뇨에 좋은
여주차는 아침저녁으로 몇십 년

술 담배 안 하고
매일 두 시간 이상씩 산책하고 있으니

100% 자연치아
탁월한 소화 능력 튼튼한 뼈대 말고는 공짜 아니지

2024. 2. 5

1+1이 주는 즐거움

어쩌다
편의점 드나들다가

알게 된
1+1이 주는 즐거움

돈이 문제가
아니야 다 먹는 내내

가난해
정말 정말 돈이 모자라

책
청계천 헌 책방 뒤지고

옷
평화시장 뒤지며 사던

그때 들린
싼 맛 DNA로 자리 잡은 듯

8,000원 아끼려
커피 네 병 낑낑대며 들고 오자니

이웃 출판사 사장
"배달해 자셔도 되실 분이 그러시네"

2024. 3. 5

겨우겨우 따라잡은 평균수명

저승 문턱
몇 번씩 밟아가며

먹고 먹어
겨우겨우 따라잡은

평균수명
잘나진 못한다 해도

중간은 가야지
평균수명도 채우지 못하랴

이제사
앞서 갈 수 있으니 여유만만

인생 일대사
뒤처지지 않고 마무리할 수 있어

아무리
생각해도 전생에 지은 복 많은 것 같아

복 통장 바닥나기
전에 짓고 또 지으며 이생 마무리하고파

※2024. 1. 한국인 평균수명 남 86.3세, 여 90.7세
2024. 4. 3

끌려 다닌 봄나들이

엄마 아빠 손
이끌려 다니는 아이들

귀엽기나 하지
늙으면 아이 된다더니

일상 떠나
나들이 좀처럼 어려워

지하철 타 본 지
벌써 몇 해가 되었는지

가물가물
고장 난 리사운드 보청기

고치려면
5호선 군자역까지 가야 해

하는 수 없이
고생 고생해 가며 봄나들이

에스컬레이터 고장
오륙 층 계단 오르내렸지만

무사히 다녀온 것만
감사해야 하는 나이 아기 같아

2024. 4. 9

모처럼 맛난 모리소바

모리소바
먹어 본 지 얼마이던가

아내
척추 시술 잘되어 퇴원

갑자기
모리소바 먹고픈 생각에

부산 딸한테
집 근처 잘하는 곳 있는지

알아보라
얼마 있다 현관에 나가 보란다

어찌나 반가운지
참 살기 좋은 세상 살기 좋은 나라야

맛은 얼마나 좋은지
둘이 먹다가 하나가 죽어도 모를 지경

마파람에 게눈 감추듯
잘 먹고 나니 온 세상 얻은 듯 흐뭇해

2024. 4. 19

지사제 함께 먹은 제육볶음

일주일
두 번 먹던 제육볶음

이 주간
설사 심해 못가다가

하도
먹고 싶어 오늘 먹으니

맛이 좋아
설사 환자란 걸 잊고 허겁지겁

부랴부랴
지사제 소화제 때려먹을 수밖에

잘못하다간
사무실 오는 도중 큰일 걱정되어

다행히
잘 도착했고 속도 편해 기분 짱

아마도
의사 의견 물어봤으면 꿈도 못 꿀 일

인간의 몸
천차만별 어찌 의사가 그걸 다 알 수 있으리오

2024. 4. 22

깜짝 놀란 체중 감소

늘
체중 증가 걱정하다

갑자기
체중 매일 감소하니

무슨
나쁜 병에 걸렸다 싶어

걱정 걱정
완전히 패닉 상태 빠져

삶 포기
안 할 사람이니 투병 골치 아파

어머니
아버지 제사 지내느라 신경 썼지

아내
협착증 시술 간병에 약물 부작용

하루
두 시간 산보 한 시간으로 줄인 게

근 감소증
올 줄이야 걷자 걷는 게 보약이다

2024. 5. 12

찌는 살보다 빠지는 살 무서워

찌는 살
멧돼지라면

빠지는 살
호랑이라 무서워

찌는 살
공급 차단하면 되지만

빠지는 살
아무리 공급해도 안 돼

마음대로
몸이 흡수하지 않아 황당

몹쓸 병
걸렸을 수가 많아 더욱 초조

찌는 살 걱정
건강하다는 신호니 즐거운 비명이다

2024. 6. 1

불교방송 아침 예불 좋아

새벽
3시 10분경 일어나

4시 50분경
지하주차장 출발한다

5시 시작
불교방송 아침 예불 들으려

잠자리에서
출발까지 33가지 행동 기록해 본다

1. 기상　2. 이불 개기　3. 소변　4. 체온체크
5. 혈압체크 5회　6. 자동칫솔질 4분　7. 세수
8. 알몸 체중체크　9. 파자마 정리　10. 내복착용
11. 면봉 귀 청소　12. 보청기 착용
13. 얼굴 썬크림　14. 와이셔츠 착용

15. 넥타이 맴　16. 발 무좀약 바름　17. 양말 신음
18. 바지 입음　19. 발 진통제 복용
20. 벗은 내복 양말 세탁물 통
21. 인삼차 컵에 따라 전자렌지 1분
22. 여주차 컵에 따름
23. 수저받침 위 수저 골라 놓음
24. 누룽지탕 전자렌지 3분
25. 김치찌개 가스렌지 끓임　26. 식사
27. 먹은 그릇 설거지　28. 영양제 복용
29. 양치질 및 치간솔　30. 소변　29. 향수 뿌림
31. 아내 혈압체크
32. 모자 손가방 들고 신 신고 현관
33. 신문 들여 놓고 엘리베이터

2024. 6. 11

닷새 만에 먹어 보는 아침 식사

한동안
빠진 살 찌우느라

날마다
먹고 또 먹느라 생고생

원상회복하니
점심 한 끼만 잘 먹어도 오버

닷새 만에
아침 먹어 보니 그리도 맛있을 수가

식사라야
누룽지탕 한 보시기 돼지고기 김치찌개

묵은지 양파
부드러운 비곗살 돼지고기도 듬뿍 넣은

체중조절에
굶느라 고생하던 오장육부 쾌재를 부른다

너무너무 했어
밥도 안 먹이고 출퇴근 병원운전 두 시간 산책

제발 제발
날마다 계체량 합격해 아침 식사 좀 하고 삽시다

2024. 6. 26

내 책 읽고 감명받는 하루

심심하면
꺼내 읽는 내 책

깜짝깜짝
놀랄 때가 아주 많아

이렇게
논리 정연할 수 있을까

어떻게
이런 생각을 할 수 있을까

어디서
이런 지식을 인용해 왔을까

내가 쓴 책이
아니라는 느낌에 이르기까지

내가 무얼
썼는지 기억하지 않는 나로서는

아무튼
당연한 일이지만 감명받는다는 건

그때나 이때나
내 생각이 변하지 않았다는 증거이리라

2024. 7. 21

예쁜 유치장 일주일

교도소
담장 위를 걷다가

강한 태풍 불어도
담장 밖으로 떨어질 만큼

준법정신 투철한
나에게 존재하는 유치장

죄짓는 길
걷는 사람 바른길 안내하는 게 아닌

저승길
걷는 사람 이승 길로 바로잡아 주는 곳

올해는
유치장 신세 안 지고 잘 넘어가나 했는데

웬걸 어김없이
연중행사가 되어 꼼짝없이 일주일간 갇혀

일체유심조一切唯心造라
누가 말했던가 예쁜 유치장만큼은 아니야

2024. 8. 22

꿈속에 나타나는 고향 집

15개월
되던 날 아버지 여의어

상왕십리
생가 버리고 살기 시작한

고향 집
안채 무너져 너르디너른 터

싸리까지
듬성듬성 엮어 휘두른 울타리

감나무
배나무 대추나무 주렁주렁 열매

산 밑 집
노림리가 한눈에 들어오는 탁 트인

동남향이라
해돋이 달돋이 전망대라 불릴 만한 툇마루

깊은 밤
온갖 들짐승 울부짖어 변소에 가기 힘들던

6.25사변 나
불타기까지 10년 살던 꿈속 고향 집 그리워라

2024. 8. 26

따 놓은 당상 100세 강수康壽

장수 요인

30% 체질 유전
70% 생활 습관이라는데

체질
당뇨 고혈압 고지혈증 없지

생활
일정한 시간에 식사 2시간 걷지
매일같이 운전해 출퇴근 잘하지

잘 먹고
잘 자고 잘 싸 느는 체중 관리하지

오는
손님 반겨 언제나 밥 사주기 즐기지

삶의 목적
100세 시인으로 저서 50권 뚜렷하지

시집
1년에 한 권씩 발간해 두루두루 돌리지

이만하면
건강히 오래 사는 康壽 따 놓은 당상 아니랴

2024. 9. 8

타고난 중심中心의 복

전생
얼마나 善業 쌓았기에

조선조
말기까지 정승판서 배출한

0.1%도
안되는 사대부 집안의 적손

문과 급제면
정승판서 이를 수 있는 귀족

태어난 곳
우리나라 수도인 서울 한복판

아버지
신학문의 수재 어머니 한학의 영재

어찌
이런 복 태어나는 이의 뜻대로 되랴

학창 시절
수석이라 중심 국제무대 으뜸의 기술사

서울 중심
종로 거리 활보하며 유유히 여생 즐기네

2024. 9. 14

자꾸 손이 가는 송편

참
이상하다

추석 송편
두세 개면 찍 했는데

자꾸자꾸
손이 간다 중독이라도

산책길
낙원떡집 울긋불긋 송편

곱길래
한 통 사서 맛이나 보려고

송편 맛이
좋아졌나 내 입맛이 변했나

친구들이
보내는 명절 메시지에 들떴나

아무튼
올 추석은 송편 맛처럼 맛나기를

2024. 9. 15

제4부

서글픈 봄도 허리 아래로

人

꿀꿀한 기분 마라탕 길

첫날
한 살 많은 직장 친구

다음 날
동갑내기 고향 친척 친구

셋째 날
한 살 적은 고교 동창 친구

연달아 사흘
나하고 관계있는 세 사람 떠나

나갈까 말까
망설이다가 마라탕이나 먹으러

공평 네거리
여드름 자국 선명한 20대 청년

대여섯 명 대표 되어
묻네 “음식 잘하는 곳 아세요?”

“아! 요기 마라탕도
저기 두산위브 빌딩 지하 1층

전주집
제육볶음 싸고 아주 맛있어요”

어슬렁 어슬렁
두산위브로 가는 친구들 보며 기분 짱

2023. 11. 23

무에 그리 급해 떠난 세 친구여

얼마나
살기 좋은 세상인데

무에 그리
급해 떠난 세 친구여

첫째 날
한 살 많은 직장 친구

둘째 날
동갑내기 시골 불알친구

셋째 날
두 살 적은 고교 반 친구

셋이 서로
모르는 사인데 약속이나 한 듯

한 명이 떠나도
며칠 끙끙거리는데 세 명이 연일

먼 길 가다가
서로 만나면 오순도순 친해 보시게

보내 드린
노자 약소하나 즐겁게 술잔 기울이며

2023. 11. 26

한두현과 그 악당

대학 시절
몰려다니는 그룹 중

우리 모임이
가장 눈에 띄다 보니

한두현과
그 악단이 아니라 악당

어제
우리 과 망년회 갔는데

단원
한 명도 없어 씁쓸했다네

李光載 미국
高承煥 저승
晉洪起 행불

具璋會 저승
李種恩 병상
金昌洙 행불
趙炳哲 결석

점심시간
잔디밭 몰려 앉아 수다 떨던 추억 그리워

2023. 12. 6

봄꽃 필세라 다투어 핀 인파 꽃

살랑살랑
봄바람 불자

쏟아져
나온 거리 인파

에스키모
차림 벗어던지고

날씬한
몸매 길거리 헐렁

실룩샐룩
깡충 껑충 튀는 걸음

노 마스크
화사한 얼굴에 띤 미소

한 송이
꽃이 이보다 더 아름다우리

2024. 2. 14

전주 이씨가 아주 좋아

외가
전주 이씨 坡谷 자손

진외가
전주 이씨 芝峰 자손

외가 진외가
전주 이씨 왕손이다 보니

서울은
외가 종손 동네라는 느낌

포근한
서울에서 출생 어언 70년

윗대 할아버지
조선 개국공신이라 서울살이

이래저래
서울은 외가도 되고 친가도 돼

타향의 고독
느끼지 못한 채 살아가는 행복

2024 갑인년
조선왕조 王陵祭享 달력을 서재에 걸며

2024. 2. 27

백수가 덕담이 아닌 세상

예전
꿈도 못 꾸던 백수

요즘
백수 장수 많고 많아

덕담
한다고 "백수하셔야죠"

뱉고 보니
구십칠팔 세 노인이네

어쩐담
이걸 주워 담을 수도 없고

다음부터
"백이십수 하셔야죠"로 바꾸련다

2024. 3. 17

우리 집 특등공신 李晃敎 어머니

엊그제
어머니 제사 지내며

이황교
어머니 공 새록새록

26세
청춘과부 되어 딱 30년간

오직
아들 하나에 기울인 온 정성

출가 전
외가에서 고이고이 자라나며

사서삼경
통달하신 분이 안 하신 고생 없이

나무 지게
방물장수 시장 귀퉁이 채소 장사

자식 위한
일이라면 닥치는 대로 몸이 부서져라

맹모인들
신사임당인들 어찌 이보다 더하였으리

2024. 4. 14

서글픈 봄도 허리 아래로

누가
뭐래도 서글픈 봄

모레
오월 허리 밑으로

아무리
좋은 추억 산더미라도

어머니
아버지 가신 슬픔 못 이겨

언제나
기일 20일 맞으면 병이 나

아버지 기일
코앞에 닥쳐왔으니 사라지리

누구나
한 번 가야 하고 반세기 지났건만

백천 세
지나고 또 지나도 봄은 서글프리라

2024. 4. 29

부지런한 할아버지

빌라나
오피스텔이나

산책길이나
만나는 사람마다

참
부지런하시단다

새벽 3시면
일어나 6시 전 출근

오전 11시면
산책길에 점심 들고

오후 4시면
퇴근해 집에 도착하며

해마다
시집 한 권씩 내 돌리니

부지런한
형용사는 딱 맞춤형이지

허나 할아버지보단
분이나 사장이란 호칭이면 더 좋을 텐데

2024. 5. 13

아내 퇴원의 기쁨

신부전
제대로 먹지 못해

건강
겨우겨우 유지되다가

척추협착증 시술
약물 부작용까지 겹쳐

체중 감소
음식물 섭취 못해 입원

회복
어려울까 봐 걱정 걱정

다행히
사흘 만에 퇴원하게 돼

얼마나 기쁜지
로또 당첨이 이보다 기쁘랴

늙어 둘이 사는 집안
내 건강 아내 건강밖에 없어라

2024. 5. 21

찜찜한 여운의 선택

산책로
중간중간 휴식용 의자

안국역
조계사 맞은편 공평네거리

벌써 몇 번째
날 촬영하고 싶다는 외국인

그럴 적마다
단숨에 NO 하고 나면 찜찜한 여운

그렇다고
OK 한다 해도 찍고 나면 찜찜할 듯

난 앉아서
두 눈 카메라로 오가는 이 몰래 찍으며

먼 훗날
머릿속 영상 현상 시대 초상권 없어지면

두 눈이나
카메라나 아무 거리낌 없이 찍어도 될 일

한발 앞서
일본인이든 서양인이든 마음대로 찍게 해야지

2024. 5. 29

동명이인同名異人의 허실

이문○
머릿속 유일한 친구

慈堂 喪
부고 카톡으로 날라와

부랴부랴
조문과 부조를 보내고 보니

머릿속
대학동문 아니고 초교 6년 후배

고향 초등학교
총동창 운동회 단상에서 딱 한 번 만난

20년간 매년 시집
보냈지만 잘 받았다는 인사 한번 없다가

부고
보내리라고는 꿈에도 생각 못 한 게 내 불찰

교육감 출신답게
받아먹는 데만 너무 익숙하다 보니 그런 모양

누굴 탓하랴
너무 좋은 친구로만 생각해 동명이인에 헛다리 짚은 걸

2024. 7. 1

책 배달 왔습니다

이제나
저제나 재고 재다

오늘
비 오는 날 시원해

올 시집
뿌리의 향기 배달 완료

종로 생활권
오래 살다 보니 많고 많아

아침 일찍
점포 문 안 열고 낮엔 땡볕

시 쓰기
보다 배달이 더 어렵다는 느낌

대부분 기분
좋게 받아 주지만 간혹 신경 쓰여

주고 빰 맞는 경우
있다 해도 소통을 위해 아주 좋아

살아 있는 한
매년 한 권의 시집 써 배달하련다

2024. 7. 2

이 나이에 망설임이라

사장
일가인 데다가

음식 솜씨
싱싱한 반찬 좋은 가성비

가장 먼
거리지만 제일 많이 가는

단골 식당
문제는 홀서빙 젊은 여종업원

나누어 준
시집이 마음에 걸린 듯하더니

겨우겨우
가라앉은 줄 알았는데 아 글쎄

내가 옆에서
기다리는데 카드와 영수증을 탁자에

예전 같으면
즉시 주의 주었을 일인데 망설임이라

발을 끊을까?
한 달쯤 안갈까? 그냥 다니다 주의 줄까?

2024. 8. 1

사람 사람이 문제야

미수米壽
문턱까지 살아오면서

마음고생
가장 많이 한 건 사람

사람 땜새
얼마나 끙끙 앓았던가

자기에게
비호감 가진 사람일랑

가능하면
피하는 게 가장 현명해

섣불리
잘해 보려고 노력하지 마

더구나
질이 낮은 사람일수록 더욱

잘못하다
비호감이 적대감 되어 돌아오리

道 이루려면
"무소의 뿔처럼 혼자서 가라" 했겠는가

2024. 8. 5

벼락 소나기에 얽힌 미담

사무실
나갈 땐 일기예보 확인

낙원동
비 소식 없어 합죽선 들고

산책
하고 돌아오는 길 교동초

갑자기
억센 소나기 만나 추녀 밑

교동초 학교 보안관
급히 뛰어 들어가더니 우산

한참
좁은 추녀 밑에 갇혔을 일

오며 가며
쌓아온 인연이 만들어 낸 미담

요즘처럼
팍팍한 세상에 이런 따뜻함이라

2024. 8. 7

인생길 알맞은 동행자

토굴 속
수행승 아니라면

인생길
알맞은 동행자 있어야

인연 다해
한 사람 떨어져 나가면

여기저기 살펴
새로운 인연 찾아내야지

살아온 길
돌이켜 보면 수많은 인연

없어지면
새로 생겨오길 거듭거듭

인연에
너무 집착하지 말고 가볍게

옷깃 스치듯
지낸다면 좋은 인연 맺으리

2024. 8. 7

반가운 인사 반가운 인연

추석
다음 날 안국역

누가
아주아주 반갑게

안녕하세요
인사를 건네는데

말끔한
모르는 중년 여인

오다가다
만나는 여인이려니

네 안녕하세요
라며 지나가려는 데

매일같이
창덕궁엘 오시다가

안 오셔서
궁금했는데 건강하시네요

아아 네
알아봐 주셔서 감사합니다

아는 척
너스레 떨며 십삼 년 전 일을 어찌

2024. 9. 19

제 5 부

빛지고도 갚지 않는 세상

道

한 해 한 끼면 족한 조상

자손
한 해 1,000 끼니 먹으며

조상
한 해 한 끼 대접 안 하고

어찌
음식이 입으로 들어가리오

어찌
자손이 번창하길 바라리오

어찌
돈다발이 들어오길 바라리오

어찌
집안에 병마 없길 바라리오

어찌
훌륭한 자손 나길 바라리오

어찌
얼굴 빳빳이 들고 다니리오

어찌
배은망덕한 자 아니라 하리오

2023. 11. 20

늙으나 젊으나 자립이야

참다운
삶이란 자립하는 삶

공부도
스스로 잘할 때 가능

경제도
자기 앞가림이 잘 돼야

정신도
누구에게 기대지 말아야

안전도
위기관리 잘할 때 가능

건강도
제대로 관리가 잘 될 때

재력 있다 해도
자손 오기 바란다면 낙제

주위 사람
도와주기 바란다면 자립 아니지

죽는 순간까지
스스로 해결하는 완벽한 자립 하고파

2024. 1. 9

나 살아 있으매 1

나 살아 있으매
밥을 먹을 수 있습니다

나 살아 있으매
운전을 할 수 있습니다

나 살아 있으매
신문을 읽을 수 있습니다

나 살아 있으매
귀한 돈을 쓸 수 있습니다

나 살아 있으매
뚜벅뚜벅 걸어갈 수 있습니다

나 살아 있으매
사람과 이야기 할 수 있습니다

나 살아 있으매
음악 드라마를 시청할 수 있습니다

나 살아 있으매
부모님 제사 차례를 모실 수 있습니다

나 살아 있으매
떠오르는 시상을 써 내려갈 수 있습니다

2024. 1. 21

현역의 자부심

늘
현역으로 산다

내
사전에 없는 퇴역

할 일
세상에 쌔고 쌨다

퇴역 순간
새로운 현역으로 탄생

목숨
다 하는 순간까지 영원히

오늘도
내일도 모레도 현역 현역으로

2024. 1. 30

더 이상 아름다울 수 없는 무덤

너무
아름다워

나도
놀라고 말았다

무덤
저렇게 아름다울 수 있다니

아직
본 적도 들어 본 적도 없는 명품

누구
작품인지 누가 들어갈 자리인지

내 것
아니라면 한없이 부러워하고 질투할

다행

천만다행이다 저기 묻혀 영주할 수 있다니

2024. 2. 11

끈질긴 좋은 선생님 몸

많고 많은
학교 사회 선생님

한 명도
남지 않고 다 떠났는데

오직
한 분 몸 선생님만 남아

시시콜콜
밤낮없이 지시하고 가르친다

과식하지 마라
편식하지 마라 화내지 마라

말 안 들으면
즉시 회초리를 든다 따끔하게

몸이
가르치는 대로 잘 따라 한다면

탐貪 진瞋 치癡
삼독심 다스려 해탈도 가능한 좋은 선생님

2024. 2. 21

오랜 인연 느낌의 새 인연

처음
보는 사람인데

아주
오랜 인연 느낌

전생
가까운 일가친척이었나

현생
먼저 간 이의 환생일까

道通
하지 못해 알 길 없지만

마음
쓰이는 건 어쩔 수 없어

미스트롯3
출연한 가수 생전 처음이나

오랜 인연
느낌이라 밤늦게까지 청취했다네

TV프로
좋아도 새벽 한 시까지는 생전 처음

2024. 3. 8

서원誓願에 서광曙光이 비친 날

中里 종친회
설립은 했지만

자손 번창
만만치 않아 노심초사

정자은행
적극적으로 활용한다든지

향후
인공 자궁 시대 도래한다면

노력 노력해
자손 번창 도모할 수 있음을

깨닫게
되니 종친회 설립 참 잘한 일

중리 자손
번창 번창 인류 공헌할 수 있으리

2024. 3. 26

세상에 가장 흐뭇한 일

가장
약한 자 돕는 일보다

세상에
더 흐뭇한 일 있을까

입이
있으니 말할 수가 있나

손이
있으니 글 쓸 수가 있나

영혼
보다 더 약한 자 있으랴

100리 안
인물 한만우 할아버지 시

멋쟁이
인물 이희영 외할아버지 시

장인어른
신대교 씨 장모님 홍을표 씨 글

쓰고 나니
아주아주 흐뭇해 보람 만끽이야

2024. 3. 28

공부 밥 먹듯 해야

공부
못하는 친구

핑계 많아
감기 들어 배 아파

몸 아파
밥 안 먹으면 굶어 죽듯

몸 아파
공부 안 하면 성공 못 해

공부
하루 세끼 밥 먹듯 하고 또 해야

2024. 5. 8

생떼 쓰는 조계사 앞 삼보원

조계사 일주문
가로막은 동양금박 빌딩

올해도 막힌 채
부처님 오신 날 맞이한다

벌써 몇 년째인가
세입자 삼보원의 생떼가

세입 빌딩
팔렸으면 보증금 받고 나갈 일

조계사에 있던
자승 스님 등에 빌려준 돈 내놔라

종로에서 뺨 맞고
한강에 가 눈 흘긴다는 속담처럼

조계사에 빌려준
돈도 아닌 걸 내어 놓으라 생떼라니

49년간 부처님 팔아
삼보원 간판 달고 잘 살았으면서 어찌

대자대비하신 부처님도
이쯤 되면 극락세계 보내 주진 않을 듯

2024. 5. 22

간당간당 나이 쨍그랑쨍그랑

간당간당
풍경 떨어질세라

잔잔한
바람에도 쨍그랑쨍그랑

간당간당
나이 떨어질세라

쪼끄만
변화에도 쨍그랑쨍그랑

울어 울어라
울어 대는 나이 태풍인들 어쩌리

2024. 5. 27

꾸준함 이길 장사 없어

낙숫물
바위를 뚫듯

꾸준함
이길 장사 없어

죽을병
걸려도 포기 말고

하루하루
노력 노력하다 보면

머지않아
병마는 두 손 번쩍 들고

떠나리
"지독한 놈 지독한 놈" 외치며

2024. 6. 6

조상의 음덕 느끼는 삶

어려운 일
겪을 때마다 느낀다

조상이
늘 돕고 있다는 걸

죽을 고비도
몇 번씩 잘 넘기고

쓰러져도
뼈는 멀쩡하니 말이야

그뿐인가
하는 일마다 순조로우니

누가
뒤에서 돕는 게 분명해

내 조상만은
굶지 않게 하겠다는 뜻

철저히
지키다 보니 받는 음덕이리라

2024. 6. 12

폭염도 어쩌지 못하는 늙은이 지혜

폭염
기승부리지만

지혜로운
늙은인 어쩌지 못해

한 시간 서머타임
선선한 해뜨기 전 출근

가로수 빌딩 숲
만들어 주는 시원시원한

그늘 산책로
유유히 걷지 폭염 약 올리며

잠시 잠깐
끊어지는 그늘 큰 합죽선 펴니

아무리
지독한 땡볕인들 뾰족한 수 있으랴

2024. 6. 15

정구업진언淨口業眞言

수리수리 마하수리 수수리 사바하

입으로
지은 죄를 깨끗이 씻어내는 주문

팔만대장경 중
가장 많이 읽히는 천수경 첫 구절이고

사람이 짓는 죄
열 가지 중 몸이 셋 마음이 셋인데 입은 넷이라

악구惡口 --- 악담 남의 흠을 들추어 헐뜯음
양설兩舌 --- 이간질을 하여 싸움 붙이는 말
기어綺語 --- 진실이 없이 교묘하게 꾸미는 말
망어妄語 --- 거짓말 헛된 말

누군들
밝은 말 고운 말 긍정적인 말 희망적인 말만 하랴

확실한 건
좋은 말은 복을 짓고 나쁜 말은 죄를 지어 받게 된다는 점

어찌 늙어
죄지으며 살리 한마디 말도 복 지을 말만 골라 해야 하리라

2024. 6. 22

보디가드 거느리는 삶

잘나나
못나나 어느 누구나

살아 있는 한
보디가드 한 명은 거느린다

새삼
살아 있다는 게 얼마나 멋진지

요즘같이
폭염이 기승을 부리는 계절엔

더욱
보디가드가 주인보다 작아지기 전에

산책을
끝내야 안전하다는 걸 귀띔해 준다

신변 보호뿐이랴
친구로서 수행비서로서 얼마나 든든한지

살아야지 살아야지
떠나면 순장에 이르는 보디가드를 위해서라도

2024. 6. 23

빨라진 출근 시원한 여름

이렇게
시원한 여름을

왜
덥다고 하는지

새벽 5시
33가지 일 마치고 출발

5시 30분
오피스텔 도착 시원하지

한 시간 반
아침 신문 다 읽고 나서

아침 7시
산책 시작해 9시 마치면

올여름이
더운지 어떤지 모르고 지낸다

조금만
부지런 떨면 되는 걸 웬 걱정들인지

2024. 6. 24

쪼꼬만 변화 새로운 즐거움

출근 시간
6시 5시로 변경하니

지긋지긋한
송암 스님 "이 뭐꼬?"가

출발부터 도착까지
속 뻥 뚫리는 아침 예불

5시 반 도착
7시까지 아침 신문 읽고

산책길
도로 풍경이 완전히 새로워

짙은 그늘 덮인
가로 가로수 이국적 느낌

언제나
열려 있던 노점상 꿈자리 속

만나는
얼굴 얼굴도 해외여행 온 듯한

오전 시간
왜 이다지도 긴지 세월이 엉금엉금

2024. 6. 27

빚지고도 갚지 않는 세상

누구나
세상에 태어난 건

부모와 조상
피와 땀의 결실인데

빚지고도
빚진 걸 아는지 모르는지

당연히
받아야 할 걸 받았다는 듯

안 갚는 게
마치 권리나 되는 것처럼 당당

갚아라
빚진 죄인 되지 않으려면 어서

대를 끊는다는 건
부모 조상 인류에 악업 지음이라

죽어
진 빚 갚으러 소로 태어나리 소로 태어나리

2024. 7. 12

무소의 뿔처럼 홀로 달린 삶

어려서나
젊어서나 늙어서나

무소의
뿔처럼 홀로 산 삶

언제 어디서나
늘 왕이어야만 만족

어려선
집안의 소년 왕이요

학교에선
타의 추격을 불허한 왕

직장에선
윗사람의 간섭을 피한 독주

은퇴하고선
하늘 아래 홀로 청청한 한 그루 나무

남은 생에선
자유를 구속하는 어떤 형태의 삶도 불허

무소의 뿔처럼
홀로 뚜벅뚜벅 다음 생 향해 걸어가리라

2024. 7. 16

3가지 계戒만은 지키며 살자

종교마다
수많은 계 있지만

존재할 뿐
잘 지켜지지 않아

3가지 계만
잘 지키면 지상낙원

첫째 남을 해치는 건 죄악이다

남이란
부모 자식 외 뭇 생명까지

해침이란
살생뿐만 아니라 괴롭힘까지

둘째 배은망덕하는 건 죄악이다

은혜 갚음은
부모 문제 사회 문제 해결의 첩경

셋째 자식을 3등 인간 만드는 건 죄악이다

자식을
危害인간 아닌
自立인간이나 布施인간으로 만들면 지상낙원

2024. 7. 23

족보 살리면 아이 나온다

우리
주옥같은 족보 문화

세계
어느 나라에도 없는

족보
살리면 아이 나온다

비혼자
늙어 죽어도 애로 남아

누군들
아이 신세로 남길 원할까

무후无后
대가 끊긴 자에게 남는 기록

불명예
싫어 조상들 피나는 노력 거듭

절 10년 기도
안되면 양자하고 첩 들여 낳았지

어찌 됐던
족보 채우려 결혼하고 아이 낳을 수밖에

2024. 7. 26

부지런한 어떤 농부의 맛

돌 때
아버지 여의고

일찍
농부가 된 어떤 이

90
가까이 된 지금까지

혹독한
가뭄 홍수 태풍 맞아도

어느
한 해도 농사 거르지 않아

먹고 쓰고
나누어 주고도 창고 가득 수확물

하나하나
요리조리 봐가며 고르고 고른다

순조로운
풍년에 수확한 놈보다 고생고생해

터지고 찌그러진
녀석에 정이 더 가고 맛도 더 좋구나

2024. 7. 31

줄 줄 생명줄아

누구처럼
동아줄로 태어나면

무난히
백 세 잘 넘기지만

나처럼
밧줄로 태어나고 보니

너무 잦게
밧줄이 터져 수리해야

천만다행
예전엔 풀 요즘은 강력 본드라

새끼줄로
태어난 이 아니라면 잘만 하면

누구나
백 세를 즐길 수 있는 좋은 세상

그때 그때
수리 잘해 줄 줄 생명줄 이어 가세

2024. 8. 29

저승사자 닮은 마포

혼자
쓰는 사무실이지만

바닥
여기저기 얼룩덜룩

참다
못해 마포로 문지르면

언제
그랬냐는 듯 자취 감춰

이런
저런 근심 걱정 한방에

치유
되는 묘책이 있다면 무엇일까

다름
아닌 저승사자야 저승사자 나타나면

세속
잡다한 근심 걱정 일시에 자취 감추리

2024. 9. 2

나 살아 있으매 2

나 살아 있으매
우주도 있고 지구도 존재합니다

나 살아 있으매
미운 사람 더 미워할 수 있습니다

나 살아 있으매
벌어 놓은 돈 사 놓은 부동산이 내 것입니다

나 살아 있으매
부모님 제사 조상님 시제 모실 수 있습니다

나 살아 있으매
뻥 뚫린 새벽길 운전대 잡고 달릴 수 있습니다

나 살아 있으매
맛있는 음식 찾아가며 점심을 즐길 수 있습니다

나 살아 있으매
종로 일대 가슴 펴고 휘적휘적 걸을 수 있습니다

나 살아 있으매
한 해 한 권씩 시집 발간 나누어 줄 수 있습니다

나 살아 있으매
영원히 남을 만한 꿈을 꾸고 실천할 수 있습니다

2024. 9. 3

제 6 부

매미 귀뚜라미 소리에 놀란 더위

然

가을비 일요 산책길

세찬
가을비 시원한데

우산은
타악기 되어 연주하고

질퍽질퍽
운동화 젖어 들어오지만

발길에
차이는 플라타너스 잎새

마치
멍석 깔아 놓은 시골마당

버스럭 버스럭
발 연주 즐기며 걷다 보면

금빛 찬란한
카펫이 눈길을 사로잡는다

아주아주
흡족한 건 오늘 일요일이라

아무도
손을 대지 않으니 금상첨화

2023. 11. 5

별나게 활기찬 겨울 날씨

태양
강렬한 햇볕 내리쏘고

눈구름
뿜어낸 하얀 나비 무리

허공이
좁은 듯 쏜살같이 달리며

게양대 태극기
떨어져 나갈 듯 펄럭펄럭

이런
좋은 날 안 나간다면 시체

중무장
차림 지팡이 짚고 뚜벅뚜벅

세찬 바람
나무지게 시절 넘어진 추억

영하 추위
맨 귀 얼어 터진 통학 길 떠올리고

눈보라
1.4 후퇴 피난 행렬 연상시킨 활기찬 날씨

2023. 12. 17

함박눈이 펑펑 내리는 날

이게
얼마 만인가?

내리렴
지붕 꼭대기까지

운현궁엔
벌써 눈사람이 일곱

길거리엔
마음 풀린 얼굴 무리

이런 복 받은 날
누군들 뛰쳐나가지 않으랴

아무리
경제가 어렵고 정치가 더러워도

하얀 함박눈
내리니 모두 모두 덮여 사라지네

삽시다 살아갑시다
함박눈처럼 깨끗하고 풍요로운 마음으로

2023. 12. 30

비둘기도 숨어 버린 추위

전선
케이블 위 비둘기 떼

옹기종기
길 가는 어깨에 잘도 싸던 똥

묽은 똥
또그르르 유리구슬 상상하며

머리 들어
쳐다보니 텅텅 빈 검은 줄만

춥긴 추운 날
털북숭이 비둘기도 숨어 버리니

길 건너
노숙잔 겹겹이 박스 속 자는데

2024. 1. 23

펼쳐진 황홀경 눈꽃 세상

누가 꽃은
초목에만 핀다 하였던가

아름다운 눈꽃
두두물물 안 핀 곳 없어라

바람이여
쉬어 줄 수 없겠느냐

새들이여
앉아 있을 수 없겠느냐

태양이여
고개 돌려줄 수 없겠느냐

시간이여
뚝 멈추어 줄 수 없겠느냐

펼쳐진 황홀경
어찌 보낼 손가 어찌 보낼 손가

2024. 2. 22

매미 귀뚜라미 소리에 놀란 더위

맴 맴 맴
매미 우는 소리

귀뚤 귀뚤
귀뚜라미 울어 대는 소리

놀란 더위
보따리 싸네 보따리를 싸네

2024. 8. 10

中里 韓斗鉉 시인 詩世界

한두현 韓斗鉉 Hahn Doo-hyun

1938.2.12~ 시인. 작가. 조각가. 서울 상왕십리 출생. 강원도 원주 고향 돌 때부터 성장. 서울대학교 공과대학 졸업. 2007년 《문예사조》에 시 「춘당지 풍경」, 「알밤 줍는 마음」 등이 당선되어 문단에 등단. 35년간 유수상장기업에 종사, 대표이사 사장 역임. 기술사 및 기술사시험 출제위원. 1975년 석탑산업훈장 수훈. 섬유사전 집필위원. 발명특허 3건. 한국문인협회 · 국제펜한국본부 회원. 서울시낭송클럽 상임위원. 문예사조문학상 본상, 한국자유시인상 대상, 미당서정주시회상(2009), 한국문학비평가협회 문학상(2016) 수상. 저서로는 시집 『因緣: 2007』, 『인왕산: 2007』, 『시로 쓴 자서전 서원의 길: 2008』, 『마중물: 2009』, 이상 문예사조 출판. 『몽당연필: 2009』, 『징검다리: 2011』, 『태풍아: 2012』, 『어느 여의사: 2012』, 『몰록: 2014』 이상 문학과현실사 출판. 『호모사피엔스: 2015』, 『말문이 열린 江: 2017』, 『촛불의 푸념: 2018』, 『항해하는 지성인: 2019』, 『프로부모: 2019』, 『비우는 즐거움: 2020』, 『틈새의 美: 2021』, 『설레임: 2022』, 『쪼끄만 행복: 2022』, 『쇠똥구리 인생: 2023』, 『뿌리의 향기: 2024』, 『열린 대문 닫힌 대문: 2025』, 『태어난 빛: 2026』, 『자나 깨나 나라 걱정: 2026』, 『풍자(諷刺)와 해학(諧謔): 2026』, 『한두현詩전집 1 · 2권: 2016』 이상 을지출판공사 출판. 저서로는 『자식을 부모의 팬으로 만들어라: 1999』, 『자식에게 무엇을 가르쳐 세상에 내보낼 것인가: 2000』, 『자식을 우

리 옛이야기로 길러라 1·2권: 2002』, 『자식교육 이제는 프로부모의 시대다: 2005』 이상 나남출판 출판 등이 있음. 한두현의 시는 골계(滑稽)와 풍자(諷刺)문학이 근간을 이루며, 그 풍자시 정신은 현대인들의 지적(知的) 허영과 자신마저도 기만하는 물신 노예적 삶에 통쾌한 시적 보검의 날을 세워 보인다. 그러면서도 경천동지의 민족사적 기충정서에 해학성을 부여한 사람살이의 유정함을 담고 있다〈한국예술원 원장 이근배의 평론에서〉. 중리 한두현 문학은 이제 의심의 여지 없이 골계·풍자시의 고봉(高峯)을 이룩했다. 한 사람의 독창적으로 빼어난 시인, 한 사람의 독창적 예술가를 가지고 있는 국민은 얼마나 자랑스러운가. 한국의 풍자와 해학 문학은 이제 중리 한두현(中里 韓斗鉉) 시인에 이르러 그 큰 장강(長江)의 한 굽이를 솟구쳐 흐르고 있다. 한국 현대 시문학 100년 사상 비할 데 없는 거보(巨步)일 터이다.〈시인·문학비평가협회 이수화 회장 평론에서〉

인연(因緣)

장대비 쏟아지는 소리 요란하다
맑은 샘물에 떨어졌다고
낄 낄 낄 웃는 소리
오줌통에 떨어졌다고
엉 엉 엉 우는 소리

샘물에 떨어진 놈
사람 입 거쳐 오줌통에 떨어지고
오줌통에 떨어진 놈
과수원 소풍 가 사과즙 되는 데
수만 번 겪고도 울고 웃는 빗방울이여

악연과 선연이 올올이 짜여진 무지개 인생
어떤 이는 악연을 연료 삼아
선연의 쌀로 밥을 짓고
어떤 이는 악연을 가슴에 불태우며
생쌀을 씹고 있구나

2006. 2. 12

게릴라 폭우

빨치산에 놀란 기억 아직도
생생한데 너마저

2007. 8. 14

몽당연필

책상 서랍 가득 몽당연필 떠들썩
자기가 쓴 글이 더 멋지다는 다툼소리

2009. 5. 30

시계불알

똑딱 똑딱
쉼 없이 잘라내는 소리
기나긴 세월을
너르디너른 우주를 싹둑싹둑

어떤 이는 좀 더 빨랐으면
어떤 이는 좀 더 느렸으면 하지만

시계불알
발정한 암컷 찾는지
정신없이 왔다 갔다 하는데

거기다 대고!

2008. 1. 22

봄

녹아든 봄비에
선잠 깬 개구리 고개 쑥 내밀어
물오른 버들강아지 보고 있노라면

여기저기 연달아
톡톡 터지는소리 시끄러운 듯
종다리 하늘 높이 날아올라 지저귀고

달뜬 예쁜 아가씨
겨우내 가리어지던 몸매
날씬한 다리 눈부시게 봄바람 가르면

한창 나이의 사내
춘정(春情)에 쌍코피 터지는데
노닐던 살찐 암탉 긴장한 눈빛으로 바라본다.

2009. 4. 18

21C 풍속도

시어머니 숨넘어가자마자
히죽히죽 웃고
친정어머니 돌아가시면 하

루 동안 눈물짓고
애완견이 죽으면 일곱 밤낮
엉엉 울어 눈퉁이 붓는다

2010. 9. 13

순수한 인사

가 봐야
반길 사람도 없다
아는 사람도 없다

체면치레도 아니다
눈도장 찍는 일도 아니다
청탁을 하기 위함은 더더욱 아니다

달랑 사진 한 장
알아보는지 몰라보는지
잔잔한 미소 머금은 채 바라만 볼뿐

머나먼 길
떠나는 외로운 길손
어찌 한 잔의 송별주가 없을 수 있으랴

2009. 5. 1

조기

집집마다
대문에 조기를 다시오 조기를

방송마다
시끄럽게 외치고 또 외친다

막상 막상
국민 영결식이 거행되던 날

눈을 씻고 또 씻고
샅샅이 찾아봐도 없다 어느 골목에도

역시 역시
대단한 불황인 게 틀림없어

달아맬
조기 한 마리도 아까운 마음의 불황

2009. 5. 25

뻐얼건 대낮에

뻐얼건 대낮에
시뻐얼건 거짓말을 관(官)이

11월 11일~12일
G20손님 접대 삼척동자도 다 아는데

창덕궁 창경궁

대궐문 닫아걸고 내부수리 중이라니

관이라는 게
민(民)의 신뢰를 왜 잃는지
알 만하다

뻐얼건 대낮에
대문 닫아걸고 낮거리라도
한다는 것인가

하기야 요즘
출산율이 너무 떨어져 관이
움직였나

월담을 해서라도
무슨 짓거리를 하는지 보고
싶은 심정이야

2010. 11. 12

시린 무릎

고꾸라질 듯 이리 비틀 저리 비틀
소아마비 청년 쪽지 돌리는
지하철 안

떨어질세라
꼰 다리 내려놓고 받을 자세
취하니

이게 웬일인가?
비켜 가네 나만, 투명 인간도
아닐 텐데

멍하니 생각에 잠기다
슬그머니 두 손을 얹는다, 시린 무릎 위에

2008. 1. 11

다종교 사회 속 호강

유교 집안 제사 지내기 싫으면
눈 딱 감고 예배당엘 나가면
되고

예배당에 십일조 내기 아까우면
날 살려라 뛰쳐나오면 되고

조상 산소의 벌초 성묘 귀찮으면
불교에 입문해 파내서 훌훌
뿌리면 되고

절에 가 절하기 싫으면
안 가면 그만이고

대 이을 손자 꼭 낳고 싶으면
버렸던 유교로 돌아와 며느리 설득하면 되고

손자 얻었겠다 제사 지내기 싫으면
다시 예배당엘 나가면 된다네

빙글빙글 잘도 돌아간다
얄팍한 잇속 찾아 살기 편한 다종교 사회

2009. 3. 23

연산군 묘의 웃음소리

방학동에서 우이동 넘어가는 길
왼편 산 중턱에 있는 연산군 묘

요즘 밤마다 왁짜지껄 큰 웃음소리
알고 보니 연산군 최악을 면한 기쁨

짐보다 더 악질 녀석이 나왔다니
이보다 더한 뿌듯함이 어디 있으랴

간신 임사홍
충신 김처선 다 불러 떠들어 댄다

김처선이 아뢴다, 전하가 가장 나쁠 줄 알고 너무했나이다
짐도 몰랐거늘 경이 어찌, 짐보다 더 나쁜 녀석이 나올 줄 알았으리오

2021. 4. 28

큰 사발

종지야!
네가 부러워, 네가 옳았어

아침 저녁 밥상에 올라
온 식구 사랑 받는 귀염둥이 네가

흙으로 빚어지던 시절
너를 비웃었지, 꿈이 너무 작다고 깔깔대며

너는 빙그레 미소 지으며
크다고 꼭 좋은 게 아닐 텐데라고

네 말이 맞았어
못생긴 게 똥을 싸게 무겁기만 하다나
안마당 멍멍이 밥그릇 신세도 황송해야 하니

다 필요한데
종지도 탕기도 접시도
왜 나는 무턱대고 큰 사발만
되려 했는지

행복을 안 너의 지혜여!

2008. 3. 17

마중물

훈풍을 마중물 삼아 봄의 여신이 얼굴을 내밉니다
꽃 내음을 마중물 삼아 벌 나비가 여기저기서 몰려옵니다

게으름을 마중물 삼아 가난의 찌든 냄새가 문틈으로 스며듭니다
뇌물을 마중물 삼아 쇠 팔찌가 울 밖에 서성댑니다

튀는 눈빛을 마중물 삼아 남녀의 가슴이 달아오릅니다
밤일을 마중물 삼아 산신할머니가 헐레벌떡 달려옵니다

담배를 마중물 삼아 폐암이 콧구멍을 들랑날랑합니다
악업을 마중물 삼아 무간지옥의 비명 소리가 들려옵니다

자비심을 마중물 삼아 베풂의 손길이 바빠집니다
지혜를 마중물 삼아 깨달음의 빛이 빤짝빤짝 비추어 옵니다.

2008. 3. 13

기러기 아빠

기러기 아빠
말이 좋아
짝 잃고 찾아 나서지도 못하는 굴뚝새

등 굽은 수컷
물고기 잡아 바람에 실려 보낸다
식욕까지 잃어 가며

꿈속
코 골며 잠든
홀아비 냄새 찌든 방

자식 아내
손 흔들며 사라져 간다
끓여 먹은 라면 길이만큼 멀리멀리

만난들
꼬부라진 신 김치
스테이크 입맛에 어찌 맞추리.

2007. 4. 13

콩의 DNA

어릴 때
콩밥 먹는다는 형무소

이상하다 했지
그 맛난 콩밥을 어찌

콩만 줘 콩만 줘
콩밥 하는 날이면
밥 푸는 데 지켜 앉아 챙겼지

콩밥 누룽지는
어떤 것과도 바꿀 수 없는 맛

콩이라면
만주 땅 콩깻묵도 싼 비지도 좋아

아무래도
전생에 씨받이 황소였나 봐

흘레하는 맛
새끼 퍼뜨리는 맛
삶은 콩 배불리 먹는 맛 잊지 못해

피 속에 흐르는 콩의 DNA
발길은 콩국수 집으로 향한다네.

2011. 6. 13

얼굴 바뀌는 청첩장

젊은 시절
날아오는 청첩장의 얼굴은
험상궂었지 세무공무원을 닮아
주머니도 시간도 판단도 놀라게 하는

중년 들어
날아오는 청첩장의 얼굴은
평온했지 점포 주인을 닮아
시간 내어 주머니사정에 맞게 사면 되는

노년 들어
날아오는 청첩장의 얼굴은
빙그레 웃었지 멀리서 온 친구 닮아
만나 먹고 즐기며 진 빚까지 갚게 되는.

2009. 6. 6

아재냐 할배냐에 따라

어느 여인이 길을 묻는다
아저씨 ○○○를 어디로 가나요?

네! 이 길로 100m쯤 가면 네거리가 나오고
○○은행이 있는데 그 은행을 왼쪽으로 끼고
50m쯤 가면 네거리에 ○○호텔이 보입니다
그 호텔 앞 건널목을 건너 곧장 가면 ○○○가 나옵니다
아저씨답게

어느 여인이 길을 묻는다
할아버지 ○○○를 어디로 가나요?

응! 이 길로 쭉 가시오
할아버지답게

어느 여인이 길을 묻는다
저기요 ○○○를 어디로 가나요?

손가락으로 방향만 가리킨다
저기답게

어느 여인이 길을 묻는다
오빠 ○○○를 어디로 가나요?

아! 나도 거기로 가는 길이니 따라와요
오빠니까.

2010. 11. 25

사모곡(思母曲)

어머니

어머니는 차라리 나의 보름달이었다
돌 때 아버지 여윈 외아들 깜깜한 밤 무서워
치맛자락 붙잡고 졸졸 따라다니던 어린 시절

어머니는 차라리 나의 태양이었다
사서삼경 통달 묻어두고 일자무식인 양
광주리 행상 해 전란 중 외아들 먹여 살린

어머니는 차라리 나의 별이었다
고희 맞아 어머니보다 더 많

이 살아온 내게
버려지는 아이 없는 세상 만들라는 꿈 심어준

어머니는 차라리 바로 나였다
아주 아주 오래전 돌아가신 줄 알았던 어머니
내 몸속에 아직도 살아 숨 쉬고 계시니.

2006. 3. 4

21C 풍속도 2

재산을 자식에게 몽땅 물려주면 굶어 죽고
재산을 자식에게 반만 물려주면 조르는 통에 죽고
재산을 자식에게 하나도 안 물려주면 매 맞아 죽는다.

2012. 3. 13

당신이 있기에
– 부처님 오신 날에 부쳐

석가모니 大兄!
참 잘 오셨습니다

나는 당신의 팬입니다

당신이 있기에, 나는 삶이 자유롭고 윤택합니다
당신이 있기에, 나는 스스로 주인임을 확신하게 됩니다
당신이 있기에, 나는 어느 누구의 노예 되기도 거절합니다
당신이 있기에, 나는 마음이 너른 공간으로 달려 나갑니다
당신이 있기에, 나는 혼자라도 외롭지 않습니다
당신이 있기에, 나는 어떤 것도 두렵지 않습니다
당신이 있기에, 나는 많은 것이 필요치 않습니다
당신이 있기에, 나는 어떤 미물 위에도 군림하지 않습니다

당신이 있기에, 나는 우주를 다 얻은 부자가 된 느낌입니다.

2007. 5. 23

신고려장의 슬픔

말이 좋아 노인 요양 병원 새로 생긴 고려장
저승문 앞 버려준 옛고려장
차라리 인간적이지

돌아오길 바라지도 않으면서 웬 산소호흡기는
갈 자유마저 빼앗긴 채 무한정 기다려야 하는 슬픔.

2007. 8. 17

내 영구차는 내가 몰고 싶다

누구의 호출을 받고
헐레벌떡 달려가기도 싫고

누구의 손에 잡히어
강제로 끌려가기는 더더욱 싫다

그렇다고 신장들의 호위를 받으며
말을 타고 위풍당당하게 가기도 싫다

이승을 떠나면서
어느 누구의 간섭도 받기 싫은 거야

가고 싶을 때
자유롭게 훌훌 떠나면 되는 게지

영구차 역시
운전자의 마음대로 가는 게 싫다

내가 운전을 하면서
정든 곳 정든 사람 두루두루 만나 회포도 풀고

몇 날 몇 달이 걸린다 해도
80평생을 하직하는데 무에 그리 대수겠는가

떠나야지 하는 마음이 들 때
홀가분한 기분으로 내 영구차를 내가 몰고 가고 싶다.

2013. 8. 8

中里 한두현(韓斗鉉) 시인

■ 약력

- 1938년 서울 상왕십리 출생.
  부친 별세로 고향인 강원 원주 부론 노숲 성장(돌 때부터)
- 초등학교 6학년 때 6.25발발 2년간 농업에 종사하느라 진학이 늦어짐
- 중학 3학년 때 학생회장으로 정의심 발동으로 전교생을 7일간 동맹휴학으로 이끌어 목적을 달성하였으나, 장기정학처분 및 수석졸업에 品行可를 받음
- 국립교통고등학교(국비) 졸업. 서울대학교 공과대학 졸업
- 35년간 섬유업계 종사, 상장회사 대표이사 사장 역임 후 자진 은퇴, 제3인생 시작
- 국가발전기여공로 석탑산업훈장 수훈
- 기술사, 발명가, 글지이, 조각가
- 문예사조 시 신인상 당선 문단 데뷔
- 문예사조문인협회 회원, 서울시낭송클럽 상임위원
- 한국문인협회 회원, 국제펜 한국본부 회원

■ 수상 (詩부문)

- 문예사조문학상 본상 수상
- 한국자유시인상 대상 수상
- 未堂徐廷柱시회상 수상
- 한국문학비평가협회 문학상 수상

■ 시집

- 인연(제1시집)
- 인왕산(제2시집)
- 서원의 길(제3시집)
- 마중물(제4시집)
- 몽당연필(제5시집)
- 징검다리(제6시집)
- 태풍아(제7시집)
- 어느 여의사(제8시집)
- 몰록(제9시집)
- 호모사피엔스(제10시집)
- 한두현 詩전집 1 · 2
- 말문이 열린 江(01시집)
- 촛불의 푸념(02시집)
- 항해하는 지성인(03시집)
- 프로부모(04시집)
- 비우는 즐거움(05시집)
- 틈새의 美(06시집)
- 설레임(07시집)
- 쪼꼬만 행복 100(08시집)
- 쇠똥구리 人生(09시집)
- 뿌리의 향기(010시집)
- 열린 대문 닫힌 대문(21시집)

■ 저서

- 자식을 부모의 팬으로 만들어라
  〈자녀교육해법 124장〉 나남출판
- 자식에게 무엇을 가르쳐 세상에 내보낼 것인가
  〈뿌리교육해법 124장〉 나남출판
- 자식을 우리의 옛 이야기로 길러라 1, 2
  〈이야기 인성교육 620마당〉 나남출판
- 자식교육 이제는 프로부모의 시대다
  〈전문부모의 길 74장〉 나남출판

한두현 제22시집

태어난 빛

초판 인쇄 2026년 2월 7 일
초판 발행 2026년 2월 12일

지은이 | 한두현
펴낸이 | 김효열
편 집 | 이미정

펴낸곳 | **을지출판공사**

등록번호 | 1985 년 2 월 14 일 제 2-741 호
주 소 | 서울시 마포구 양화진길 41, 603호
우편번호 | 04083
대표전화 | 02) 334-4050
팩시밀리 | 02) 334-4010
전자우편 | ejp4050@daum.net

값 18,000원

ISBN 978-89-7566-248-5 03810